Claudia Toll

Deine Wellensittiche

Das sind meine Wellensittiche → 6
Das brauchen meine Wellensittiche → 8
Wer ist hier wer? → 10
Der erste Tag mit meinen Wellis → 12
Das schmeckt Wellensittichen → 14
So werdet ihr Freunde → 16
Spaß beim Futtern → 18
Flugstunde im Kinderzimmer → 20
Wellensittiche sind neugierig → 22
Ein Wellensittichtag → 24
Turnkünstler Wellensittiche → 26
Salatbad gefällig? → 28
Ganz schön schlau → 30
Viele Spiele → 32
Der Wellensittichdetektiv → 34
Was Wellensittiche erzählen → 36
So bleiben deine Wellis gesund → 38
Lauter kleine Papageien → 40
Meine Wellis und ich → 42
Wellensittichhaltertest → 44

Das solltest du wissen

➜ Das ist wichtig und richtig

Auch wenn du dir viel Zeit nimmst, halte nie einen Wellensittich einzeln.
Wenn die Wellensittiche zu dir kommen, sind sie noch nicht zahm und haben Angst.
Lass ihnen viel Zeit, sich an dich zu gewöhnen.
Wellensittiche sind sehr kleine Tiere. Sie brauchen deinen Schutz. Sie sind auf dich angewiesen. Gib ihnen regelmäßig Futter und Wasser und säubere ihren Käfig.
Beschäftige dich mit ihnen, dann werden sie zutraulich. Sie machen gerne Spiele.
Sei dabei immer sehr vorsichtig.
Wellensittiche sind muntere Tiere, aber sie müssen sich auch zurückziehen.
Lass sie öfter ganz in Ruhe.
Wenn dir etwas auffällt, sag es gleich deinen Eltern.

➜ Noch etwas für deine Eltern

Liebe Eltern! Wellensittiche sind empfindsame und zarte Lebewesen. Sie sind keine Streicheltiere. Helfen Sie Ihrem Kind, die kleinen Vögel besonders behutsam zu behandeln und bei der Zähmung, Fütterung und Versorgung alles richtig zu machen, damit sie sich wohlfühlen.

Das sind meine Wellensittiche

Wellensittiche leben in der Natur nie allein. In großen Schwärmen flattern sie laut zwitschernd in den Bäumen. Auch bei dir möchten sie einen Wellensittich-Freund haben. Dann hast du doppelte Freude mit ihnen.

Meine Wellensittiche heißen ....

Ich habe sie seit ....

Ihre Gefiederfarbe ist ....

Männchen? .... Weibchen? ....

Sie sind .... Jahre alt.

Das sind ihre Ringnummern ....

Batschi ist erst zwei Jahre alt.

Hier ist Platz für ein schönes Foto deiner Wellensittiche.

Das brauchen meine Wellensittiche

In einem rechteckigen Vogelheim fühlen sich Wellis wohl und sicher. Hier schlafen sie, verbringen die Zeit zwischen ihren Ausflügen, klettern und spielen, von hier aus beobachten sie dich und das Zimmer. Hierhin ziehen sie sich gerne zurück. So gefällt ihnen ihr Zuhause:

➔ Jeder Welli bekommt **Näpfe** oder automatische Spender für Körnerfutter und Wasser sowie eine Klammer für frisches Grünzeug oder Obst.

→ Am **Kalkstein** wetzen Wellis ihren Schnabel. Er enthält wichtige Stoffe, damit die Vögel gesund bleiben.

→ Vor die Käfigtür kann ein **Badehäuschen** gehängt werden. Viele Wellensittiche baden gern. Manche Wellis planschen lieber in einem fest stehenden Schälchen.

→ Die **Sitzstangen** sind aus Naturholz und unregelmäßig geformt. Das ist Fußgymnastik für deine Wellis. Ihre Füße sollen die Stangen so umgreifen, dass sich ihre vorderen und hinteren Zehen nicht berühren.

→ An quer verlaufenden **Gitterstäben** können Wellis prima klettern. Die Stäbe sollen nicht glänzend sein, sondern dunkel.

→ **Platz** brauchen Wellensittiche. Wie lang ist ein Vogel vom Schnabel bis zum Schwanz? Er will nicht am Gitter anstoßen. Für zwei Wellis muss der Käfig also 100 cm lang, 80 cm hoch und 50 cm breit sein.

→ Auf den Boden des Käfigs wird feiner **Vogelsand** gestreut.

→ Natürlich brauchen deine Wellis auch **Spielzeug**. Wie wär's mit einer Schaukel oder Leiter zum Klettern und Turnen?

Das gehört nicht in den Käfig:

Ein Spiegel und ein Kunststoffwellensittich. So etwas wäre nur ein schlechter Ersatz für einen lebendigen Partner.

Wer ist hier wer?

Blau, grün, gelb, weiß — Wellis gibt es in vielen Farben. Und alle sind gut gelaunt und lustig! Wie soll man da erkennen, welcher Wellensittich ein Männchen ist? Welcher ist ein Weibchen? Welcher ist alt oder jung?

Wenn du Schwierigkeiten hast, das Geschlecht deiner Vögel zu erkennen, fragst du am besten deinen Zoohändler oder den Tierarzt.

Name

Straße

Wohnort

Telefonnummer

Ohne Futter klettere ich nicht.

- Junge Wellensittiche haben noch ganz dunkle Augen. Die Wellenzeichnung auf ihrem Kopf verläuft bis zur Wachshaut. Bei jungen Wellis kann man das Geschlecht noch nicht erkennen.

- Bei älteren Wellensittichen hat das Auge einen weißen Rand. Die Wellenzeichnung reicht bei ihnen nur bis zur Kopfmitte. Erwachsene Weibchen haben eine leicht graue oder bräunliche Wachshaut.

- Erwachsene Männchen wie dieser fliegende Welli sind gut zu erkennen: Die Wachshaut, auch Nuss genannt, an ihrer Schnabelwurzel ist blau.

Der erste Tag mit meinen Wellis

Die Wellensittiche sind gut bei dir zu Hause angekommen. Die Näpfe hast du schon mit Futter und Wasser gefüllt. Nun ist alles neu für sie.

Wusstest du …
… wie man Wellis aus der Transportschachtel in den Käfig lässt? Du öffnest die Käfigtür, hältst die Schachtel genau davor. Dann klappst du den Deckel der Schachtel zurück und kippst sie leicht schräg nach vorn.

In diesem Transportkäfig kannst du deine Wellis sicher zum Tierarzt bringen.

Beobachte deine Wellensittiche

Zieh dich ein Stückchen vom Käfig zurück und beobachte, wie sich deine Wellis verhalten.

? Zuerst haben sie noch verschüchtert dagesessen. Jetzt beruhigen sie sich. Schütteln sie schon ihr Gefieder oder strecken sich?..................................

? Sie hocken dichter zusammen. Sie beginnen ganz vorsichtig mit gegenseitiger Gefiederpflege. Schnäbeln sie sogar?.......
....

? Sie gehen das erste Mal an ihr Futter und probieren davon. Erst der eine, dann der andere? Oder beide zusammen?
....

? Und wann trinken sie das erste Mal Wasser?............
....

? Die Wellis fangen an, ihren Käfig zu untersuchen. Sie hüpfen auf den Stangen und entdecken ihr Spielzeug: Welches zuerst? Was tun sie damit?..........................

? Jetzt hat der eine zum ersten Mal laut gepiepst. Und der andere? Wie geht es weiter? Wann zwitschern sie immer mehr?..................................

? Wenn du dich jetzt dem Käfig näherst, flattern sie nicht mehr aufgeregt oder machen sich dünn oder rücken auf ihren Sitzstangen an die entfernteste Stelle. Sie schauen sich schon ein bisschen neugierig um. Wann sehen sie dich an?
....

Das schmeckt Wellensittichen

In der fertigen Körnermischung sind verschiedene kleine Samen von Gräsern und Getreide, vor allem Hirse. Besonders gerne essen Wellis außerdem ungespritztes Obst, frisches Grünzeug oder manchmal ein Stückchen Gemüse. Das wird zwischen die Gitterstäbe geklemmt oder in ein Schälchen gelegt.

Wellensittichs Speiseplan	
Grünes und Gemüse	Möhre, Chicoree, Endiviensalat, Brokkoli, Zucchini, Tomate, frische Maiskörner.
Obst	Apfel, Melone, Kirsche, geschälte Weintraube, Birne, Kiwi, Pfirsich, Aprikose, Himbeere.
Von der Wiese und aus dem Garten	Vogelmiere, Löwenzahn, Hirtentäschel, Wegerich, Gräser, Obstbaum-, Weiden- oder Haselnusszweige zum Benagen.

- Im **Speiseplan** findest du alles, was deine Wellis außer Körnerfutter sonst noch brauchen. Alles muss unbehandelt und ungespritzt sein. Grünes, Gemüse, Obst und von der Wiese Gesammeltes musst du vor dem Verfüttern abspülen.

- **Leckerbissen** wie Kolbenhirse oder Silberhirse als Rispen solltest du sparsam verfüttern: Leckerchen machen dick!

Hitliste der Leckerbissen

Hier kannst du Noten vergeben von 1 bis 8: Welche Leckereien mögen deine Wellensittiche am allerliebsten?

Apfel ○
Möhre ○
Petersilie ○
Zucchini ○
Melone ○
Kirsche ○
Birne ○
Kiwi ○

Wo ist meine Kolbenhirse?

So werdet ihr Freunde

Deine Wellensittiche kennen dich jetzt schon gut. Sie wissen: Du bringst ihnen immer das Futter in den Käfig und bist freundlich zu ihnen! Dass sie auch auf deine Hand kommen können und ihnen nichts geschieht, wissen sie noch nicht.

➡ Dein erster Wellensittich hat schon Vertrauen gefasst und knabbert neugierig an dem Leckerbissen.

➡ Hoppla! Jetzt ist er auf deine Hand geklettert. Das hat er gar nicht gemerkt! So gut schmeckt es ihm.

➡ Und weil der Erste so mutig war, trauen sich die anderen Wellis auch schon bald dazu.

So klappt es bestimmt

1 Zuerst näherst du dich den Wellensittichen auf Kopfhöhe. Ihr schaut euch in die Augen, und du sprichst leise mit ihnen. Immer wieder. So oft, wie's geht.

2 Halte deinen Wellensittichen leckeres Futter hin. Die Hitliste der beliebtesten Häppchen hast du ja. Sie gewöhnen sich an deine Hand und wissen: Daraus kommt nur Gutes!

3 Nun schiebst du den Wellensittichen vorsichtig und langsam den Stiel eines Kochlöffels oder einen Ast unter den Bauch. Wann werden sie mutig, verlassen die Sitzstange und steigen über?

4 Bald kommt statt des Kochlöffels dein ausgestreckter Finger auf die Wellensittiche zu. Sobald sich einer darauf niedergelassen hat, bewegst du ihn ganz behutsam. Hat er Angst und flattert weg, versuchst du es später noch einmal.

Spaß beim Futtern

Die neugierigen Wellis sind für alles zu begeistern, was ihnen Abwechslung verspricht. Futter immer nur aus dem Napf? Langweilig! Aber verstecktes Futter finden oder kleine Kunststückchen für Futter vollbringen, macht ihnen Spaß.

→ **Kletterkünstler**
Kopfunter fressen? Auch das können Wellis. Wenn sie nur so an den aufgehängten Leckerbissen herankommen, wird eben geturnt.

Frische Sprossen züchten

In einer kleinen Keimbox, die du kaufen kannst, streust du etwas von Wellis Körnerfutter aus.

Achtung: Regelmäßig begießen! Nimm aber nicht zu viel Wasser! Und lass die Saat nicht austrocknen.

Die ersten Sprossen sprießen. Gieß weiterhin sparsam. Wenn die Sprossen etwa acht Zentimeter hoch gewachsen sind, können die Wellensittiche zum Fressen kommen. Frisch mit dem Schnabel abgezwackt schmeckt's am besten.

Frisches aus der Sprossenbox
Ganz lang streckt sich der Vogelkörper, wenn es darum geht, an ein Hälmchen frisch gekeimte Sprossen zu gelangen.

Möhrenstange
Überraschung: Plötzlich wird die Sitzstange zur Möhre. Wird vom Ende aus geknabbert?

Petersilienspaß
Ein herabhängender Bund Petersilie bietet Futterspaß für vier. Auch der Bastfaden lädt zum Knabbern ein.

Flugstunde im Kinderzimmer

Sind deine Wellis schon zahm geworden? Dann ist es Zeit für ihren ersten Ausflug. Das wird ein Abenteuer. Aber Achtung: Wenn Wellis ausfliegen, brauchen sie an einer Stelle im Zimmer einen Platz, an dem für sie Futter und Wasser steht.

- Lieber erst mal Abstand halten… Anfangs lassen sich die Wellis noch entfernt von dir, so hoch oben wie möglich, nieder. Zum Beispiel auf der Gardinenstange.

- Sie werden schon mutiger. Jetzt landen sie auf dem Schrank. Vom sicheren Ort aus halten sie aber interessiert Ausschau: Wohin geht es als nächstes?

- Ein neuer Beobachtungsposten wird eingenommen: auf der Stuhllehne.

- Noch näher: auf dem Schreibtisch. Da liegen so viele interessante Sachen. Verlockend!

Vorsicht!

Wellensittiche fliegen ganz schnell los und landen irgendwo im Zimmer.

Also:

- Türen und Fenster schließen.
- Gardinen vor die Fenster ziehen.
- Keine giftigen Pflanzen.
- Keine frei liegenden Elektrokabel.
- Keine offenen, hohen Gefäße oder Spalten, Löcher, Ritzen als Fallen.
- Keine Filz-, Bleistifte und Kleber auf dem Schreibtisch.

Mein Lieblingsplatz

Deine Wellensittiche erobern nach und nach noch viele andere Plätze. Trag hier ein, welche sie besonders oft anfliegen.

....
....
....

Wann sind deine Wellis beim Freiflug zum ersten Mal auf deinem Kopf oder deiner Schulter oder auf deiner ausgestreckten Hand gelandet?

....
....
....

Und jetzt drei Runden um die Lampe.

Wellensittiche sind neugierig

Wellensittiche sind mit allen Sinnen dabei, sie sind aufmerksam und wollen immer genau wissen, was los ist. Also mach das Leben jeden Tag von Neuem für sie spannend.

Wo haben sie bloß ihre **Ohren?** Die liegen versteckt unter Federn. Aber Wellis hören gut. Was tun sie, wenn du mit Papier raschelst oder knisterst? Probier einfach verschiedene Geräusche aus. Aber nicht so laut.

Achtung, du wirst beobachtet! Mit **Blicken** verfolgen deine Wellis alles, was du tust. Wenn sich etwas dreht oder rollt oder bunt ist, werden sie ganz aufgeregt. Was macht sie sofort besonders munter?

Wellis nehmen alles in den **Schnabel**, um es genau zu untersuchen. Sie zerlegen Papier und Fasern. Bei der Gefiederpflege ziehen sie jede einzelne Feder durch den Schnabel.

Sie wissen genau, was ihnen schmeckt. Mit der beweglichen **Zunge** betasten sie ihr Futter. Was sie nicht mögen, spucken sie schnell wieder aus. Versuch es einmal mit einem winzigen Krümel Vogelbiskuit und dann mit dem Stückchen einer gekochten Nudel.

Ihre **Füße** sind sehr empfindlich: Kitzele sie behutsam mit einer Feder. Was passiert? Wackele ein wenig mit deinem Finger, wenn einer gerade darauf sitzt. Wie findet er das?

Wusstest du ...

... dass Wellensittiche im Dunkeln nicht sehen können? Schon in der Dämmerung wird es schwierig für sie, sich zurechtzufinden. Deine Wellis müssen also nach einem Ausflug im Zimmer noch im Hellen in den Käfig zurückfliegen. Zur Schlafzeit wird ein Tuch über den Käfig gelegt.

Ein Wellensittichtag

Wellensittiche, die öfter am Tag frei fliegen, wissen immer, wie sie sich beschäftigen — allein, zu zweit, mit dir. Sie haben ihre Zeiten: Wann sind sie besonders munter? Wann sind sie zum Spielen aufgelegt oder zum Baden? Manchmal sind sie auch tagsüber müde. Und wie ist das mit deinen Wellis?

So verbringe ich meinen Tag

So verbringen meine Wellensittiche ihren Tag

Wellensittiche, die gerade Lust zum Spielen haben, kommen von selbst zu dir.
Sie fordern dich auf, dir etwas einfallen zu lassen. Natürlich tust du ihnen den Gefallen. Dir macht's doch auch großen Spaß.
Ob deine Wellensittiche sprechen lernen? Nur wenn du dich sehr lange und geduldig mit ihnen beschäftigst und immer wieder einfache Wörter sagst.

Wann spielen meine Wellensittiche am liebsten?

Turnkünstler Wellensittich

Kopfunter hängen, aufwärts klettern, hangeln, abwärts schwingen: Wellensittiche sind gelenkig und geschickt. Um an einen verlockenden Leckerbissen heranzukommen, verrenken sie sich sogar richtig.

➡️ Du kannst auch selbst für deine Wellis etwas bauen. Zwischen zwei Hanfseile steckst du Stöckchen als Leitersprossen und hängst buntes Spielzeug auf.

➡️ Wenn du Leckerbissen aufspießt, wird die Turnerei noch lustiger für sie. Frische Früchte lassen sich ebenfalls gut anbringen.

➡️ Ein Futterring an einem Hanfseil — diese Schaukel werden deine Wellis zum Fressen gern haben.

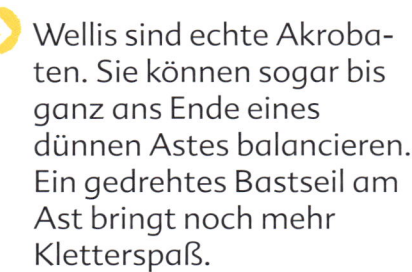

➡ Wellis sind echte Akrobaten. Sie können sogar bis ganz ans Ende eines dünnen Astes balancieren. Ein gedrehtes Bastseil am Ast bringt noch mehr Kletterspaß.

➡ An Reck und Ringen und Turnstangen zeigen Wellis, was sie alles können. So einen Spielplatz kannst du im Zoohandel kaufen und im Zimmer an einem erhöhten Platz aufstellen.

Knabberstange? Nichts wie hin!

Salatbad gefällig?

Wellensittiche müssen nie gebürstet oder von dir gepflegt werden. Sie putzen ihr Gefieder mit dem Schnabel. Aber sie baden auch gerne, und das macht jeder Welli anders. Wie ist das bei deinen?

Der große Hausputz
Täglich
Futter- und Wassernäpfe abspülen.
Badehäuschen/-schälchen auswaschen.
Futterreste wegschütten.
Verschmutzte Sandstellen entfernen.
Zweimal wöchentlich
Sand wechseln.
Sitzstangen und Spielzeug abwaschen.
Einmal wöchentlich
Bodenblech mit Bürste auswischen.
Einmal monatlich
Käfig abduschen.
Naturäste im Käfig austauschen.

→ Mit dem Schnabel werden die Schwungfedern am Flügel sorgfältig geglättet.

→ Wozu ist das Badehäuschen da? Rundum gesichert und mit Ausblick: So baden viele Wellis gern. Da spritzt das Wasser nicht so durch die Gegend.

→ Oder in einem Blatt ungespritztem Salat, das gerade abgewaschen wurde und voller Wassertropfen hängt? Diese Art der Wäsche finden fast alle Wellis angenehm. Sie können sich so gut ins Blatt schmiegen.

28 Duschen? Batschi genügen ein paar Tropfen.

➡ Auch die feinen Federn an Brust und Kehle erreicht der Welli mit dem Schnabel.

➡ Kratzen am Hinterkopf? Mit Verrenken und einem Füßchen geht auch das.

➡ Und jetzt den Rücken biegen und noch die Federn am Bauch putzen.

Ganz schön schlau

Aber wie schlau? Das findest du heraus, wenn du ein paar knifflige Tests mit deinen Wellensittichen machst. Sie sind bestimmt mit Eifer dabei, denn schließlich gibt es für jede richtig gelöste Aufgabe ein Leckerchen.

➡ Du klebst um drei Näpfe verschiedenfarbige Streifen und stellst sie in einer bestimmten Reihenfolge auf. Nur in einem Napf ist Futter. Beim nächsten Mal veränderst du die Reihenfolge der Näpfe. Aber das Futter kommt wieder in den selben Napf. Finden Sie gleich die richtige Farbe?

➡ Wie geschickt verhalten sich deine Wellensittiche, wenn du Futter in einem Spielzeug für sie versteckst?

→ Ein Pfiff, eine kurze Melodie, immer wieder von dir zu hören, wird bald zum Erkennungszeichen.

→ Kennt jeder deiner Wellis seinen Namen? Kommt der zu dir herangeflogen, den du gerufen hast? Das wäre schon eine tolle Leistung, aber dazu gehört, dass du dich sehr, sehr viel mit ihnen beschäftigst.

Wusstest du ...

... dass Wellensittiche zählen können? Forscher haben den Vögeln Kärtchen mit Punkten gezeigt und in Näpfe mit derselben Punktzahl Futter gelegt. Bis zu sechs Punkte konnten die Wellis unterscheiden. Vielleicht ist das ein Trick, den du selbst versuchst?

Viele Spiele

Spielen macht Wellensittiche fröhlich und hält sie fit. Spiel mit ihnen, wenn sie am muntersten sind. Wellis kommen oft schon von selbst angeflogen, wenn sie zum Spielen aufgelegt sind. Wenn nicht, forderst du sie eben auf. Zum Beispiel mit einem Spiel-Spaß-Baum, den du selbst bauen kannst.

Das brauchst du dafür

1. Einen Blumentopf, den du mit Sand, Gips oder Kies füllst. Er muss standfest sein.
2. Einen verzweigten Ast, den du draußen findest. Säubere ihn mit heißem Wasser und lass ihn trocknen.
3. Kleinere Aststücke mit Rinde, die unterschiedlich dick sind. Auch säubern.
4. Bast und Hanfseil. Du kannst auch Seile in verschiedenen Stärken flechten.

Ohne Futter klettere ich nicht.

➡️ An den verzweigten Ast bindest du die kleinen Aststücke und die Seile. Befestige sie gut, damit sie sich nicht lösen.

➡️ Jetzt steckst du den großen Ast tief in den Topf. Er darf nicht umkippen oder wackeln.

➡️ Zum Schluss kannst du den Spiel-Spaß-Baum noch mit Futterstückchen und Spielzeug aufpeppen.

Der Wellensittich-detektiv

Wenn du für deine Wellis den Spiel-Spaß-Baum gebastelt hast, kannst du Detektiv spielen. Lass sie aus dem Käfig. Was machen sie, wenn sie den Baum entdecken? Wie erobern sie ihn? Bestimmt sieht er nach einiger Zeit schon ganz anders aus.

1 Natürlich naschen sie ausgiebig von den Leckereien.

2 Sie zerren an den Bastfäden und zupfen sie einzeln mit dem Schnabel auseinander.

3 Sie klettern von einem Ast auf den anderen, hinauf und wieder hinunter.

 Wasser gibt es auch im Baum. Zwischendurch trinken sie einen Schluck aus dem Napf. Aber deine Wellensittiche freuen sich natürlich auch über etwas Futter auf dem Baum. Probier es einfach einmal aus.

Detektivbericht

Was deine Wellensittiche in ihrem Spiel-Spaß-Baum gemacht haben, kannst du hier notieren. Schreib die Nummern der Fotos in die Kästchen und achte auf die Reihenfolge.
Was machen deine Wellis nacheinander? Und wie lange dauert jedes Spiel?

Was Wellensittiche erzählen

Wellis geben eine ganze Menge verschiedener Töne von sich. Hast du schon herausgefunden, wann sie zetern oder zwitschern, piepsen oder leise gurrende oder knarzende Töne von sich geben?

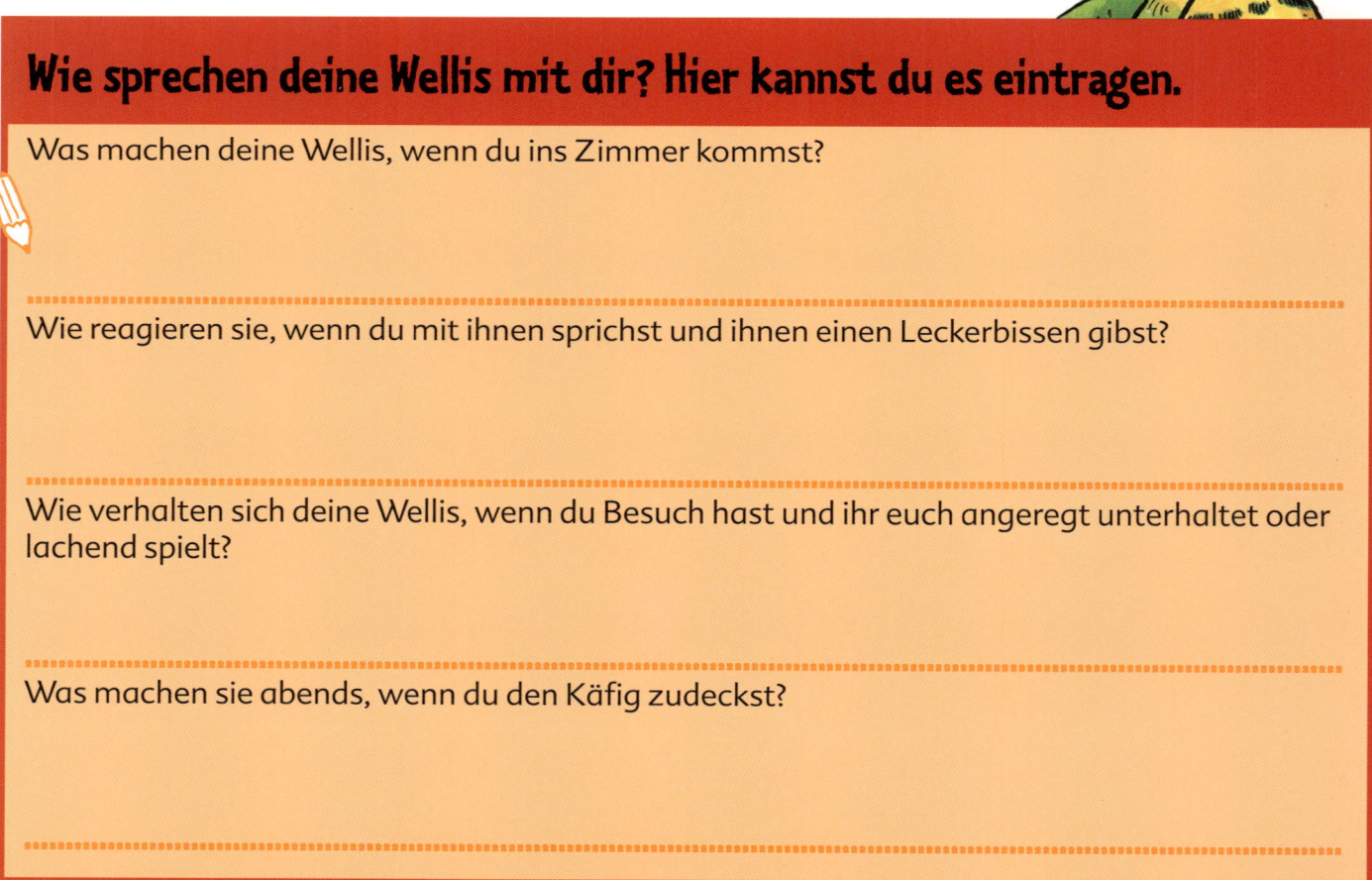

Wie sprechen deine Wellis mit dir? Hier kannst du es eintragen.

Was machen deine Wellis, wenn du ins Zimmer kommst?

Wie reagieren sie, wenn du mit ihnen sprichst und ihnen einen Leckerbissen gibst?

Wie verhalten sich deine Wellis, wenn du Besuch hast und ihr euch angeregt unterhaltet oder lachend spielt?

Was machen sie abends, wenn du den Käfig zudeckst?

Batschi kann ganz laut zetern.

➡ **Du kannst an deinen Vögeln vieles erkennen, was sie dir nicht sagen können. Was haben diese verschiedenen Verhaltensweisen zu bedeuten?**

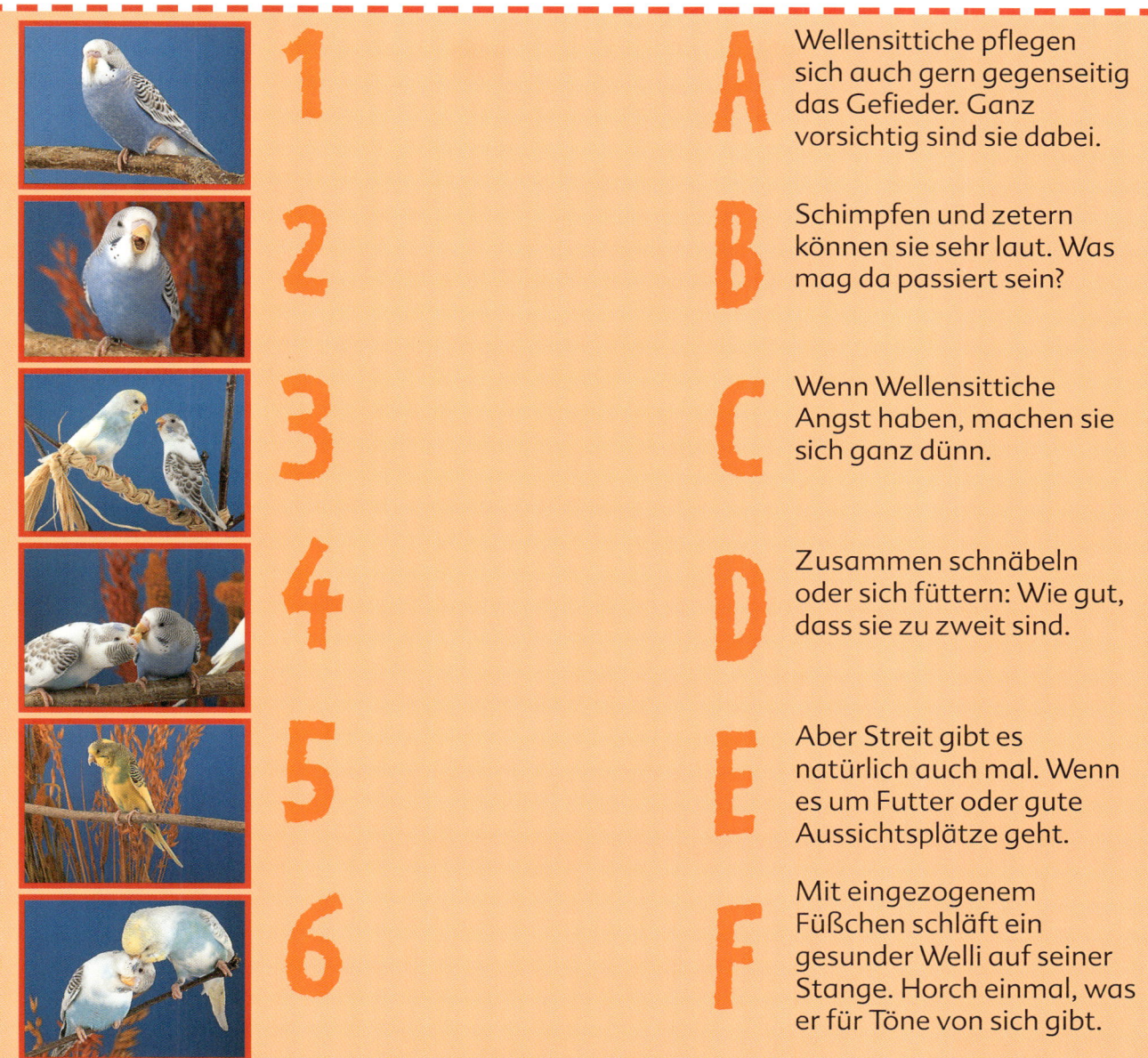

1 — **A** Wellensittiche pflegen sich auch gern gegenseitig das Gefieder. Ganz vorsichtig sind sie dabei.

2 — **B** Schimpfen und zetern können sie sehr laut. Was mag da passiert sein?

3 — **C** Wenn Wellensittiche Angst haben, machen sie sich ganz dünn.

4 — **D** Zusammen schnäbeln oder sich füttern: Wie gut, dass sie zu zweit sind.

5 — **E** Aber Streit gibt es natürlich auch mal. Wenn es um Futter oder gute Aussichtsplätze geht.

6 — **F** Mit eingezogenem Füßchen schläft ein gesunder Welli auf seiner Stange. Horch einmal, was er für Töne von sich gibt.

⬇ **Lösung** 1F, 2B, 3E, 4D, 5C, 6A

So bleiben deine Wellis gesund

Wenn Wellis sich wohl fühlen, mehrmals am Tag ausfliegen können, ihr Futter abwechslungsreich ist, werden sie kaum krank. Trotzdem sollte der Tierarzt sie zur Sicherheit ab und zu untersuchen.

➡ Beim Kauf soll der Zoofachhändler die Nummer des Fußrings notieren. Bewahr sie gut auf! Du darfst den Fußring nicht abnehmen. Ausnahme: Der Welli ist krank und hat zum Beispiel ein geschwollenes Beinchen. Dann darf ihn der Tierarzt abnehmen.

➡️ Alle Vögel verlieren im Verlauf eines Jahres Federn. Man nennt dies Mauser. Die Federn wachsen wieder nach. Wenn die Wellis in der Mauser Schwung- und Schwanzfedern verlieren, sind sie stiller als sonst.

Achtung!
Du kennst deine Wellis am besten und merkst schnell, wenn mit ihnen etwas nicht stimmt. Sag deinen Eltern dann sofort Bescheid. Es ist wichtig, mit ihnen so schnell wie möglich zum Tierarzt zu gehen. Auch wenn Schnabel oder Krallen zu lang sind, musst du zum Tierarzt.

Gesund oder krank?

Das musst du beachten	Gesunder Welli	Kranker Welli
Gefieder	Glatt, glänzend, anliegend, überall sauber	Aufgeplustert, zerfranst, verschmutzt
Augen	Blank, weit geöffnet, aufmerksamer Blick	Trüb, halb geschlossen
Schnabel	Glatte Oberfläche	Schuppig, hornig verklebt
Füße	Saubere, glatte Haut	Verdickungen, verschmutzt
Ruhestellung	Ein Bein eingezogen, Kopf zwischen den Federn	Bein nicht eingezogen, sitzt oder liegt auf dem Käfigboden
Verhalten	Munter und aufmerksam	Zurückgezogen in der Ecke
Bewegung	Fliegt gewandt	Hockt still, fliegt schwerfällig, taumelig

Lauter kleine Papageien

Wellensittiche leben wild in Australien, auf der anderen Seite der Erde. Sie gehören zu den Papageienvögeln. Ihre natürliche Gefiederfarbe ist ein dunkles Grün und Gelb mit der dunklen Wellenzeichnung.

➔ In Schwärmen sitzen sie auf den Bäumen. Der Schwarm bietet jedem Einzelnen der kleinen Vögel einen guten Schutz.

➔ Wellensittiche legen auf der Suche nach Nahrung weite Strecken zurück. Immer sind sie in großen Schwärmen unterwegs. Manchmal sind über 1000 Vögel dabei.

40 Alles meine Verwandten!

Deine Wellensittiche

➡ Die nächste Wasserstelle ist nicht immer in der Nähe. Auch zum Trinken fliegen Wellensittiche gemeinsam.

➡ Wellensittiche bauen keine Nester. Die Eier liegen in einer Baumhöhle. Das Weibchen brütet allein. Bei der Aufzucht der Jungen hilft dann auch das Männchen.

Meine Wellis und ich

Es gibt viele Gründe und ständig kommt etwas Neues hinzu, warum du deine Wellensittiche magst. Und warum mögen sie dich, weißt du das auch?
Hier kannst du ankreuzen, eintragen, ergänzen, malen oder Fotos einkleben.

Kannst du deine Wellensittiche zeichnen?

Darum mag ich meine Wellensittiche

- Sie sind immer so fröhlich.
- Sie muntern mich auf, wenn es mir schlecht geht.
- Sie machen Quatsch.
- Sie fliegen auf meinen Finger oder meine Hand.
- Sie trippeln über meine Schulhefte.
- Sie lassen sich von mir herumtragen.
- Sie landen auf meinem Kopf.
- Sie begrüßen mich zwitschernd.
- Sie knabbern an meinen Haaren oder an meinem Ohr.

....
....
....
....

Wellensittichhaltertest

Klare Sache, ihr versteht euch gut, deine Wellis und du. Sie können sich ganz auf dich verlassen. Hier kannst du beweisen, dass du sie immer gut versorgst. Kreuz alles an, was deine Wellis sagen würden, wenn sie sprechen könnten.

Füttern
- Unsere Näpfe werden jeden Morgen neu mit Körnerfutter gefüllt. (2 P)
- Wir bekommen zwischendurch Obst, Gemüse und frisches Grün. (2 P)
- Wasser wird für uns täglich nachgefüllt und schmeckt immer frisch. (1 P)

Spielen
- Wir haben jeden Tag Freiflugstunden im Zimmer. (2 P)
- Wir machen zusammen abwechslungsreiche Spiele. (1 P)
- Ab und zu bekommen wir neue Spiel- und Klettergeräte. (1 P)

Pflege
- Wir haben ein Wellensittich-Bad, in dem immer sauberes Wasser ist. (2 P)
- Unsere Füßchen und Schnäbel werden immer sorgfältig kontrolliert. (2 P)
- Während der Mauser werden wir ganz vorsichtig behandelt. (1 P)

Freundschaft
- Mit uns wird immer ruhig und freundlich gesprochen, auch wenn wir mal Quatsch machen. (2 P)
- Wir werden nur sehr behutsam gestreichelt. (2 P)
- Wir werden nie gescheucht. (1 P)

Schlafen
- Am Abend wird unser Käfig mit einem Tuch zugedeckt. (1 P)
- Wenn uns am Tag die Augen zufallen, werden wir ganz in Ruhe gelassen. Wir mögen dann keinen Lärm oder laute Musik. (2 P)

Testergebnis

22 Punkte:
Super! Du bist der perfekte Wellensittichhalter.

19 Punkte:
Deine Wellis dürfen mit dir zufrieden sein. Du bist ihnen ein liebevoller Freund.

16 Punkte:
Nicht schlecht, aber du darfst dich ruhig noch etwas anstrengen. Lies einfach noch einmal in diesem Buch nach.

Bildnachweis

G. Hofmann & C. Mettke-Hofmann (S. 40l, 40r, 41l); Juniors Bildarchiv (S. 4, 17u, 42o); Reinhard-Tierfoto (S. 11u, 31l, 31r, 41r); Christof Salata/Kosmos (Vor- und Nachsatz, S. 8, 9, 11l, 11r, 12, 13, 15, 16, 17o, 18, 19, 20, 21, 22, 23, 24, 25, 26, 27, 33, 34, 35, 37, 38, 39, 42u, 45).

Cartoon-Wellensittich Batschi wurde von Peter Pfeifer gezeichnet, alle anderen Illustrationen stammen von Milada Krautmann.

Impressum

Umschlaggestaltung von eStudio Calamar, unter Verwendung eines Farbfotos von Christof Salata/Kosmos.

© Genehmigte Lizenzausgabe für Tandem Verlag GmbH, Birkenstraße 10, D-14469 Potsdam
© der Originalausgabe: Franckh-Kosmos Verlags-GmbH & Co. KG, Stuttgart

Autorin: Claudia Toll

ISBN: 978-3-8427-0996-6

Gesamtherstellung: Tandem Verlag GmbH, Potsdam

Alle Angaben in diesem Buch erfolgen nach bestem Wissen und Gewissen. Sorgfalt bei der Umsetzung ist indes dennoch geboten. Der Verlag und die Autorin übernehmen keinerlei Haftung für Personen-, Sach- oder Vermögensschäden, die aus der Anwendung der vorgestellten Materialien und Methoden entstehen könnten.